100 Citations Inspirantes de cinéma

Avant Propos

-

Ce livre constitue une compilation des 100 citations les plus inspirantes de l'histoire du cinéma et de la télévision à mon sens, des citations qui portent principalement sur le bonheur et la motivation, mais parfois aussi sur le sens de la vie.

J'espère que vous prendrez plaisir à les lire, qu'elles s'inscriront en vous et qu'elles vous inspireront aussi.

Cinéma

Réparer le cœur des hommes c'est comme réparer une automobile, il faut tout examiner, ensuite tu peux tout remonter

Chris Cooper dans **Demolition** (Jean - Marc Vallée, 2016)

-

Une fois, des semaines durant, je n'ai pas touché terre, tout devenait plus léger. Mes semelles jouaient les fanfares, des fleurs me tombaient des poches

-

Nicolas Cage dans **A tombeau ouvert**
(Martin Scorsese, 2000)

-

Pourquoi nier que l'espace d'un moment, Dieu c'était vous ?

-

Nicolas Cage dans **A tombeau ouvert**
(Martin Scorsese, 2000)

\-

Prouvez que vous êtes en vie. Si vous ne revendiquez pas votre humanité, vous deviendrez une statistique

\-

Brad Pitt dans **Fight Club** (David Fincher, 1999)

-

On fait des boulots qu'on déteste pour se payer des merdes qui nous servent à rien

-

Brad Pitt dans **Fight Club** (David Fincher, 1999)

-

Nous tombons pour mieux apprendre à nous relever

-

Linus Roache   dans **Batman Begins**
(Christopher Nolan, 2005)

-

Pour vaincre la peur, tu dois te fondre en elle

-

Liam Neeson   dans **Batman Begins**
(Christopher Nolan, 2005)

\-

Les choses doivent toujours empirer avant de s'améliorer

\-

Micheal Caine dans **The Dark Knight**
(Christopher Nolan, 2008)

-

Le héros peut être en chacun, même en celui qui fait une chose aussi simple que mettre un manteau sur les épaules d'un garçon et ainsi lui faire comprendre que le monde ne s'est pas écroulé

-

Christian Bale dans **The Dark Knight Rises** (Christopher Nolan, 2012)

-

Je me surpasserai, comme je l'ai toujours fait

-

Christian Bale dans **The Dark Knight Rises** (Christopher Nolan, 2012)

-

Tous ces moments se perdront dans l'oubli, comme des larmes dans la pluie

-

Rutger Hauer dans **Blade Runner** (Ridley Scott, 1982)

-

La souffrance nous rappelle que la joie que nous avons ressenti était réelle

-

Jared Leto dans **Blade Runner 2049**
(Denis Villeneuve, 2017)

-

Je me suis rendu compte à quel point j'étais loin de mes rêves quand je m'en suis approché

-

Ethan Hawke dans **Bienvenue à Gattaca** (Andrew Niccol, 1998)

-

Bien sûr je pourrais être aigri de ce qui m'est arrivé. Mais c'est inutile. Il y a tant de beauté dans le monde

-

Kevin Spacey dans ***American Beauty*** (Sam Mendes, 1999)

–

Dans la vie, pour réussir, on doit d'abord donner l'impression de réussir

–

Peter Gallagher dans **American Beauty**
(Sam Mendes, 1999)

-

Un homme ne verra dans un oiseau qui meurt qu'une douleur sans réponse. Mais c'est la mort qui a le dernier mot. Elle se moque de lui. Un autre voit le même oiseau, et il est touché par la grâce. Quelque chose sourit à travers lui

-

Jim Caviezel dans *La Ligne Rouge* (Terence Malick, 1998)

-

Chaque vie est la bonne. Le chemin qu'on emprunte est toujours le bon chemin. Tout aurait pu être n'importe quoi d'autre et cela aurait eu tout autant de sens

-

Jared Leto dans **Mr. Nobody** (Jaco Van Dormel, 2010)

-

Si tu as un rêve, tu dois le protéger. Tu verras que les gens incapables d'y arriver feront tout pour te décourager. Si tu veux vraiment quelque chose, t'a qu'à te battre, point barre

-

Will Smith dans **A la recherche du bonheur** (Gabriele Muccino, 2006)

-

Vivre ce n'est pas seulement respirer... c'est aussi avoir le souffle coupé

-

Will Smith dans **Hitch - Expert en séduction** (Andy Tennant, 2005)

-

J'espère que tu seras fière
de ta vie et que si tu
découvres que ce n'est pas
le cas, tu auras la force de
tout recommencer

-

Brad Pitt dans **L'étrange histoire de Benjamin Button** (David Fincher, 2008)

-

Ce que l'on fait dans sa vie résonne dans l'éternité

-

Russel Crowe dans **Gladiator** (Ridley Scott, 2000)

-

Les morts ne savent qu'une chose : il vaut mieux être vivant

-

Matthew Modine dans **Full Metal Jacket** (Stanley Kubrick, 1987)

-

Ce qui compte c'est pas le nombre de coups que tu peux donner, c'est le nombre de coups que tu peux encaisser et continuer à avancer

-

Sylvester Stallone dans **Rocky** (John G. Avildsen, 1976)

–

Si le problème a une solution, il ne sert à rien de s'inquiéter. Mais s'il n'a pas de solution, s'inquiéter ne change rien. Alors cesse de t'inquiéter

–

Jamyang Jamtsho Wangchuk dans ***Sept ans au Tibet*** (Jean-Jacques Annaud, 1997)

-

**Je dois contenir ma colère
et la préserver, parce
qu'elle me sert, ça me
maintient en forme, à
l'affut**

-

Al Pacino dans **Heat** (Micheal Mann
1995)

-

Mais le temps mon ami, pour moi, c'est de l'amour. C'est rire, c'est chanter, tant que dure le jour

-

Catherine Deneuve dans **Les demoiselles de Rochefort** (Jacques Demy, 1967)

-

Le passé, c'est une histoire qu'on se raconte

-

Amy Adams dans **Her** (Spike Jonze, 2014)

-

On ne fait que projeter autour de soi son petit cinéma intime

-

Michel Piccoli dans **Les choses de la vie** (Claude Sautet 1970)

-

Sans amour la vie passe en un éclair

-

Jessica Chastain dans **The tree of life** (Terrence Malick, 2011)

-

Je ne sais pas si on a chacun un destin ou si on se laisse porter par le hasard comme sur une brise. Je crois que c'est peut-être un peu des deux

-

Tom Hanks dans **Forrest Gump** (Robert Zemeckis, 1994)

-

Moi je ne veux pas survivre, je veux vivre

-

Chiwetel Ejiofor dans **Twelve years a slave** (Steve McQueen, 2014)

-

Mieux vaut-il vivre en monstre ou mourir en homme de bien ?

-

Leonardo Dicaprio dans **Shutter Island** (Martin Scorsese, 2010)

-

La liberté, au cas où vous l'auriez oublié, est le droit de l'âme à respirer. Quand elle ne peut pas respirer à fond c'est que les lois sont trop étroites

-

Matt Damon dans **Will Hunting** (Gus Van Sant, 1997)

-

Qu'est-ce que tu as fait pour rendre ta vie meilleure ?

-

Avery Brooks dans **American History X** (Tony Kaye, 1999)

-

Qu'est-ce qu'on fait ? On s'adapte !

-

Jean - pierre Bacri dans **Le sens de la fête** (Eric Toledano et Olivier Nakache, 2017)

-

Mérite-le, mérite ce qu'on a tous fait pour toi

-

Tom Hanks dans ***Il faut sauver le soldat Ryan*** (Steven Spielberg, 1998)

-

Un grand pouvoir implique de grandes responsabilités

-

Cliff Robertson dans **Spiderman** (Sam Raimi, 2002)

-

Être remarquable ne suffit pas jeune homme, il faut travailler dur. L'intelligence ce n'est pas un privilège, c'est un don. On doit le mettre au service de l'humanité

-

Alfred Molina dans **Spiderman 2** (Sam , 2004)

-

Quelle que soit la situation à affronter, quelle que soit la bataille qui fera nos jours, nous avons toujours le choix. Ce sont nos choix qui déterminent qui nous sommes

-

Tobey Maguire dans ***Spiderman 3*** (Sam Raimi, 2007)

-

On ne retrouve que des détails, tous ces p'tits riens dont on parle rarement, et on revit certains moments forts, même si on a pas vraiment envie. C'est tout ça mis ensemble qui restitue une présence

-

Guy   Pearce   dans   **Memento**
(Christopher Nolan, 2000)

-

Renier nos propres pulsions, c'est renier ce qui a fait de nous des humains

-

Matt Doran dans **Matrix** (Lana et Lily Wachowski, 1999)

-

On est pas le meilleur quand on le croit, mais quand on le sait

-

Laurence Fishburne dans **Matrix** (Lana et Lily Wachowski, 1999)

\-

J'ai une compétition en moi-même, je veux que personne d'autre ne réussisse

\-

Daniel Day Lewis dans **There will be blood** (Paul Thomas Anderson, 2007)

–

Nos vies sont comme le vent, ou les sons… Nous naissons, raisonnons avec ce qui nous entoure… Puis disparaissons

–

Nausicaä de la vallée du vent (Hayao Miyazaki, 1984)

—

L'amour est une catastrophe magnifique, savoir que l'on fonce dans un mur et accélérer quand même

—

Gaspard Proust dans **L'amour dure trois ans** (Fréderic Beigbeder, 2012)

-

Sans plan, rien ne peut foirer

-

Song Kang-Ho dans **Parasite** (Bong Joon Ho, 2019)

-

Vous en avez peut-être fini avec le passé, mais le passé n'en a pas fini avec vous

-

Magnolia (Paul Thomas Anderson, 1999)

–

L'homme qui dit non au champagne dit non à la vie

–

Pierre Segui dans **Voyage au bout de l'enfer** (Micheal Cimino, 1978)

–

Est-il possible de rater un endroit où vous n'avez jamais été, de pleurer une époque que vous n'avez jamais vécue ?

–

Tom Cruise dans **Oblivion** (Joseph Kosinski, 2013)

-

Tout ce que nous faisons dans la vie n'est-il pas un moyen d'être plus aimé ?

-

Julie Delpy dans **Before Sunrise**
(Richard Linklater, 1995)

-

La vie est dure... C'est supposé l'être, si nous ne souffrons pas, nous n'apprenons jamais rien

-

Ethan Hawke dans **Before Sunset**
(Richard Linklater, 2005)

-

La peur mène à la colère, la colère mène à la haine, la haine mène à la souffrance

-

Frank Oz dans **Star Wars : episode 1 - La menace fantôme** (George Lucas, 1999)

-

N'essaie pas, Fais-le ou ne le fais pas, il n'y a pas d'essai

-

Frank Oz dans **Star Wars : Episode 5 - l'empire contre-attaque** (Irvin Kershner, 1980)

-

Tu donneras au peuple de la terre un idéal à atteindre, ils se rueront sur tes pas, ils trébucheront, ils tomberont, mais le moment venu, ils te rejoindront dans le soleil, le moment venu, tu les aidera à accomplir... des miracles !

-

Russel Crowe dans **Man of Steel** (Zack Snyder, 2013)

-

Mon père m'a appris que la peur est toujours constante, mais que l'accepter te rend plus fort

-

Gerard Butler dans **300** (Zack Snyder, 2006)

-

Le pouvoir c'est quand on a toutes les raisons de tuer, mais qu'on ne le fait pas

-

Liam Neeson dans **La Liste de Schindler** (Steven Spielberg, 1994)

Le monde tourne, c'est tout. On peut s'accrocher et tourner avec ou se lever pour protester et se faire éjecter

Tom Hanks dans ***La Ligne verte*** (Frank Darabont, 2000)

–

Vous ne croyez pas que si quelqu'un se repent du mal qu'il a fait, il peut retourner à l'époque où il a eu le plus grand bonheur de toute sa vie pour l'éternité… ça ne serait pas ça le paradis ?

–

Graham Greene dans **La Ligne verte** (Frank Darabont, 2000)

-

Tu sais ce que les mexicains disent à propos du Pacific ? Ils disent qu'il n'a pas de mémoire. C'est là que j'ai envie de vivre pour le reste de ma vie, un endroit chaud où la mémoire n'existe pas

-

Tim Robbins dans **Les évadés** (Frank Darabont, 1994)

-

Andy Dufresne a traversé une rivière de merde et il en est sorti lavé de tout

-

Morgan Freeman dans **Les évadés** (Frank Darabont, 1994)

-

La chose qui hante le plus un homme, c'est ce qu'on ne l'a pas forcé à faire

-

Clint Eastwood dans **Gran Torino** (Clint Eastwood, 2009)

-

C'est une étrange fatalité que nous devions éprouver tant de doutes et de peur pour une si petite chose

-

Sean Bean dans **Le seigneur des anneaux : La communauté de l'anneau** (Peter Jackson, 2001)

-

Hier est derrière, demain est mystère, et aujourd'hui est un cadeau, c'est pour cela qu'on l'appelle le présent

-

Randall Duk Kim dans ***Kung Fu Panda*** (Mark Osborne et John Stevenson, 2008)

–

De toutes les choses que nous percevons, seul l'amour transcende les dimensions temporelles et spatiales

–

Anne Hathaway dans *Interstellar* (Christopher Nolan, 2014)

-

C'est plus facile de tomber dans la drogue que d'affronter la vie, plus facile de piquer ce que vous avez envie que d'essayer de le gagner, plus facile de battre un enfant que de l'élever. L'amour par contre, ça demande des efforts, du courage

-

-

A quoi ça sert d'être en vie si on a pas de raison de l'être ?

-

Robert Downey Jr dans **Iron Man** (Jon Favreau, 2009)

-

Le monde est beaucoup moins impressionnant vu d'en haut

-

Clint Eastwood dans **Pour une poignée de dollars** (Sergio Leone, 1966)

–

Si on travaille pour gagner sa vie, pourquoi se tuer au travail ?

–

Eli Wallach dans **Le Bon, la Brute et le Truand** (Sergio Leone, 1966)

–

Ris et tout le monde rira avec toi, pleure et tu seras le seul à pleurer

–

Leitmotiv du film **Old Boy** (Park Chan-Wook, 2004)

\-

Tu sais la peur, la terreur, c'est dans la tête que ça se passe. C'est l'imagination qui fait tout, alors vide ta tête, essaye de ne pas imaginer, tu serais étonné à quel point tu peux être courageux

\-

Choi Min - Sik dans ***Old Boy*** (Park Chan-Wook, 2004)

-

Je ne veux pas être le produit de mon environnement, je veux que mon environnement soit mon produit

-

Jack Nicholson dans **Les infiltrés** (Martin Scorsese, 2006)

Séries

-

On est de la viande sensible, malgré nos identités illusoires. On forge ces identités en faisant des jugements moraux

-

Matthew McCgonaughey dans *True Detective* (Nic Pizzolato, 2014)

-

Je pense que l'on souffre plus si on résiste au flot de la rivière

-

Midnight Gospel (Pendleton Ward, Duncan Trussell 2020)

-

Si tu ne fais jamais rien, tu ne feras jamais d'erreurs

-

Dan Castellaneta dans **Les Simpson** (Al Jean, Matt Groening, Mike Scully, 1989)

-

Quand certaines portes se ferment pour toujours, d'autres s'ouvrent en des endroits inattendus

-

Conleth Hill dans **Game of Thrones** (David Benioff et D.B. Weiss, 2011)

-

Un lion ne se soucie guère de ce que pensent les moutons

-

Charles Dance dans **Game of Thrones** (David Benioff et D.B. Weiss, 2011)

\-

Des histoires, tout démarre et se termine par des histoires

\-

Travis Fimmel dans **Vikings** (Micheal Hirst, 2013)

\-

Ton problème c'est que t'a passé toute ta vie à penser qu'il y avait des règles. Il n'y en a pas

\-

Billy Bob Thornton dans **Fargo** (Noah Hawley, 2014)

–

La vérité est une chose étrange, on a beau essayer de l'étouffer, tôt ou tard elle finit toujours par éclater. On érige un mensonge pour assurer sa propre survie. On tente d'oublier, jusqu'à ce qu'on ne puisse plus

–

Sebastian Rudolph dans **Dark** (Baran bo Odar et Jantje Friese, 2017)

–

Dieu a un sens de l'humour qui m'échappe

–

Andrew Lincoln dans **The Walking Dead** (Frank Darabont, Glen Mazzara, Scott M.Gimple, 2010)

–

C'est la beauté qui fait le plus de mal, pas la laideur

–

Aden Young dans **Rectify** (Ray McKinnon, 2013)

-

Parfois la vie se résume à prendre les citrons les plus amers et à en faire quelque chose qui ressemble à de la limonade

-

Gerald Mcraney dans **This is us** (Dan Fogelman, 2016)

-

On ne réfléchit à sa vie que quand on fait des erreurs

-

Hugh Laurie dans **Dr House** (David Shore, 2004)

–

Je n'imagine rien, j'espère

–

Jennifer Morrison dans **Dr House** (David Shore, 2004)

–

Le monde est vaste et dur, pleins de rebondissements et on a tendance à cligner des yeux et à rater les instants essentiels

–

David Duchovny dans **Californication** (Tom Kapinos, 2007)

\-

Un raté peut dépasser un génie par un entraînement acharné

\-

Yoichi Masukawa dans **Naruto** (Michiko Yokote, Yuka Miyata, Yasuyuki Suzuki 2002)

-

L'unique chose à faire est de rompre avec le passé par l'effort et la volonté. Je ne dois plus me réfugier dans la solitude... C'est seulement comme ça, qu'un jour peut-être, je serai reconnu

-

Akira Ishida dans **Naruto** (Michiko Yokote, Yuka Miyata, Yasuyuki Suzuki 2002)

-

Même si on sait comment tout cela va finir, ça ne nous empêche pas d'apprécier la balade

-

Josh Radnor dans ***How I Met Your Mother*** (Craig Thomas et Carter Bays 2005)

\-

Parfois les meilleures décisions qu'on prend sont celles qui n'ont pas le moindre sens

\-

Josh Radnor dans **How I Met Your Mother** (Craig Thomas et Carter Bays 2005)

-

Parfois nous devons dépasser nos désirs pour faire les choses vraiment importantes

-

Toshio Furukawa dans **Dragon Ball Z** (Akira Toriyama 1989)

-

La vérité fait toujours mal quand vous décidez de vivre dans le déni

-

Toshio Furukawa dans **Dragon Ball Z** (Akira Toriyama 1989)

-

Le bonheur c'est l'odeur d'une voiture neuve, c'est être libre de la peur, c'est un panneau d'affichage sur le bord de la route qui dit que peu importe ce que vous fassiez, c'est ok

-

Jon Hamm dans **Mad Men** (Matthew Weiner, 2007)

-

C'est la vie, tu es le roi du monde et l'instant d'après, une pauvre secrétaire te broie le pied avec une tondeuse à gazon

-

Christina Hendricks dans **Mad Men** (Matthew Weiner, 2007)

-

On prend tous un sens interdit un jour

-

Wentworth Miller dans **Prison Break** (Paul Scheuring, 2005)

–

De terribles choses se produisent dans ce monde, et le seul confort qu'on en tire, c'est de ne pas les avoir causées

–

Carrie Coon dans ***The Leftovers*** (Damon Lindelof, Tom Perrotta, 2014)

\-

Prenez un peu de recul, gardez une vision d'ensemble, c'est de cette façon qu'on dévore une baleine, une bouchée à la fois

\-

Kevin Spacey dans **House of Cards** (Beau Willimon, Frank Pugliese, Melissa James Gibson 2013)

-

Il y a deux types de douleur, celle qui te rend plus fort, et la douleur inutile, celle qui te fais juste souffrir, je n'ai pas de patience pour les choses inutiles

-

Kevin Spacey dans *House of Cards* (Beau Willimon, Frank Pugliese, Melissa James Gibson 2013)

\-

Peut-être que certaines personnes ont besoin de vivre une période de violence et de destruction à un moment de leur vie pour chercher quelque chose de plus créatif et équilibrer une autre partie de leur vie

\-

Bart Ruspoli dans **Band of Brothers** (Steven spielberg, Tom Hanks, Stephen Ambrose, 2001)

-

Il s'avère que la vie des riches est tout aussi bordélique que celle des pauvres, seuls leurs problèmes sont différents

-

Brendan Fraser dans *Trust* (Simon Beaufoy, 2018)

-

Quand on naît avec toutes les choses de valeur en ce monde, elles n'en ont aucune

-

Micheal Esper dans **Trust** (Simon Beaufoy, 2018)